AF602156

CATALOGUE

DU

Cabinet de M. SUDRE, Artiste lithographe.

TABLEAU & DESSINS

PAR

INGRES

PORTRAITS ET SUJETS D'APRÈS LUI

GRAVÉS, LITHOGRAPHIÉS ET PHOTOGRAPHIÉS

PAR FEU M. SUDRE

ET AUTRES

ESTAMPES MODERNES

DESSINS REHAUSSÉS D'OR & D'ARGENT

Par Beauvalet de Saint-Victor, etc., etc., etc.;

DONT LA VENTE AURA LIEU

HOTEL DES COMMISSAIRES-PRISEURS

Rue Drouot, 5

SALLE N° 4, AU PREMIER ÉTAGE

Le Samedi 6 Avril 1867, à une heure précise.

Me DELBERGUE-CORMONT, Commissaire-Priseur,
rue de Provence, 8;
Assisté de M. VIGNÈRES, Marchand d'Estampes,
rue de la Monnaie, 13, à l'entresol; entrée rue Baillet, 1,
CHEZ LEQUEL SE DISTRIBUE LE CATALOGUE.

EXPOSITION PUBLIQUE AVANT LA VENTE

PARIS — 1867

4338 25

700 catalogues 132
75 affiches cal 29-75

ORDRE DE LA VACATION

Estampes.....................	Nos	39 à 136
Tableau d'Ingres et Dessins....		1 à 38
Supplément....................		137 à 220

CONDITIONS DE LA VENTE

Elle sera faite au comptant.

Les Acquéreurs paieront, en sus du prix d'adjudication, CINQ POUR CENT, applicables aux frais.

M. VIGNÈRES, dirigeant la Vente, se charge des Commissions.

NOTA. Toute commission sans prix fixé ou sans limite déterminée sera regardée comme nulle.

M. VIGNÈRES se charge de faire marquer les prix aux Catalogues des ventes qu'il a faites. Les personnes qui le désirent peuvent s'adresser à lui *franco*.

Plusieurs Amateurs éloignés en ont reconnu l'utilité pour les guider dans leurs achats sur les valeurs des Estampes.

Les Catalogues des Ventes à faire seront envoyés aux personnes qui en feront la demande *affranchie*.

AVIS. — Nous prions MM. les Amateurs éloignés de ne pas attendre au dernier jour, pour que les lettres arrivent le matin de la vente ; ils comprendront que quelques lettres peuvent se lire, mais de 20 à 50 lettres, c'est difficile.

PORTRAITS EN BISTRE

Collections de Portraits inédits ou rares de Personnages célèbres

REPRODUITS NOUVELLEMENT PAR LA GRAVURE

Publiés par VIGNÈRES, Md d'Estampes

Rue de la Monnaie, 13, à l'entresol, entrée rue Baillet, 1.

Albany (Louise-Max. de Stolberg, comtesse d').	Gravée par Varin.
Amoros, colonel, fondateur de la gymnastique en France.	id.
Argout (Antoine-Maurice-Apollinaire, comte d').	J. Porreau.
Babeuf (F.-N.-Gracchus), journaliste.	id.
Barère (Bertrand), de Vieuzac, conventionnel.	id.
Beauharnais (comtesse Stéphanie de), poëte, romancière.	Sisco.
Berruyer, général, commandant des Invalides.	J. Porreau.
Bertrand de Molleville, marquis, ministre, littérateur.	id.
Bièvre (marquis de), célèbre auteur de calembours.	
Blanchard (Madeleine-Sophie-Armand, Madame), aéronaute.	id.
Bonjour (Casimir), auteur dramatique.	id.
Borghèse (Camille-Philippe-Louis), prince.	id.
Bossut (Charles), mathématicien.	id.
Brazier (Nicolas), auteur dramatique, d'après Marlet.	id.
Brissot (J.-P.), de Varville, conventionnel.	id.
Canclaux (J.-B. Camille, comte de), général, pair.	id.
Cayla (comtesse de), née Talon, d'après le baron Gérard.	Massard.
Clouet dit **Janet**, (François), peintre de portraits.	J. Porreau.
Cochon, comte de l'**Apparent**, conventionnel, ministre.	id.
Deburreau, acteur des Funambules, Pierrot.	id.
De Fermont (comte), député, conseiller d'État.	id.
Devienne, actrice, Théâtre-Français.	Normand.
Donadieu, baron, général de division.	J. Porreau.
Dorat-Cubières-Palmezeaux, poëte, auteur dramatique.	id.
Droz (Joseph), littérateur, académicien.	id.
Duchesne aîné, conservateur du cabinet des estampes.	id.
Ducos (Roger), avocat, constitut., 3e consul provisoire.	id.
Élie de Beaumont, avocat au Parlement de Paris.	Devritz.
Empis (Adolphe), auteur dramatique.	J. Porreau.
Epagny (d'), poëte dramatique.	id.
Fabre de l'Aude (comte), député, pair, littérateur.	id.
Fiévée (J.), littérateur, auteur dramatique.	id.
Fréron (Louis-Stanislas), conventionnel.	id.
Frochot, comte, préfet, député.	id.
Garnerin (A.-J.), inventeur du parachute.	id.
Garnerin (Élisa), aéronaute.	id.
Gaudin, duc de Gaëte, ministre des finances.	id.
Genlis (A. Brulard, comte de), cap. des gardes, convent.	id.
Geoffroy (J.-L.), critique, journaliste.	id.
Godoi (don Manuel), prince de la Paix.	Varin.
Gouffé (Armand), chansonnier, vaudevilliste.	J. Porreau.
Guimard (Mademoiselle), danseuse.	id.

Jouffroy (Théodore-Simon), professeur, académicien	J. Porreau.
Jousselin de Lasalle, homme de lettres.	id.
Kant (Emmanuel), philosophe allemand.	Bracquemond.
Lacalprenède (Gauthier de Costes, seign. de), romancier.	Varin.
Lainé (J.-H., vicomte), ministre et académicien.	J. Porreau.
Lamballe (princesse de), dess. d'ap. nature par Gabriel,	id.
Lasource (M.-David-Albin de), député du Tarn.	id.
Lavallière (L.-F. de la Baume, duchesse de).	id.
Lenormand (Mademoiselle), nécromancienne.	id.
Lucotte (Edme-Aimé), lieut.-général, comte, né à Dijon.	id
Marat, à la tribune, dess. d'après nature par Gabriel.	id.
Martin (Louis-Aimé), littérateur.	id.
Maurepas (J.-Fréd. Phelypeaux, comte de), ministre.	Varin.
Mazères (Édouard), auteur dramatique.	J. Porreau.
Mesmer, auteur du magnétisme animal.	id.
Mézerai, actrice, Théâtre-Français.	Normand.
Orléans, duc de Montpensier (Ant.-Philippe d'), 1773-1807.	J. Porreau.
Persuis (L. Loiseau de), musicien, d'ap. Pierre Guérin.	id.
Petiet (Claude), député, ministre de la guerre.	id.
Philidor (André-Danican), musicien, auteur du jeu d'échecs.	id.
Pilon (Germain), sculpteur, 1550.	id.
Pixerécourt (Guilbert de), fac-simile, d'après J. Boilly, in-4.	id.
Pongerville (Samson de), académicien.	id.
Pontus de la Gardie, général en Suède.	id.
Ramel-Nogaret, ministre des finances, préfet.	id.
Récamier (Madame), d'ap. Cosway.	id.
Reveillère-Lepaux, botaniste, théophilanthrope.	id.
Robert-Lindet, député, conventionnel, ministre.	id.
Romme (Gilbert), conventionnel.	id.
Rouget de L'Isle, auteur de *la Marseillaise*, musicien.	Varin.
Saint-Huruge (marquis de).	J. Porreau.
Saint-Prix, acteur, Comédie-Française.	id.
Saint-Simon (Claude-H., comte de), philosophe.	Perrot.
Silvain Maréchal, poète et littérateur.	Devritz.
Tallien (Madame), née Cabarus, d'après le baron Gérard.	Massard.
Treilhard (J.-B., comte), député, ministre, etc.	J. Porreau.
Tronson du Coudray, avocat, du Conseil des Anciens.	id.
Vadier (A.), député aux États-Généraux.	id.
Vatout (J.), poète, académicien, bibliothécaire.	Varin.
Vigée (L.-G.-B.-E.), poète et auteur dramatique.	J. Porreau.
Westermann, général, d'ap. le Phisionotrace.	id.
Cartouche (Louis-Dominique), fameux voleur.	Lallemand.
Mandrin (Louis), fameux contrebandier.	Delaistre.

Chaque portrait pouvant entrer dans un in-8° est tiré in-4°.
Avec la lettre, papier blanc, 1 fr.; papier de Chine, 1 fr. 25 c.
Avant la lettre, papier blanc, 1 fr. 50 c.; papier de Chine, 2 fr.
Dont il n'est tiré que 20 épreuves blanc et 5 Chine.

Afin de faciliter les recherches des Amateurs de portraits, soit pour les illustrations, soit pour les collections d'autographes ou autres, *deux Catalogues détaillés* de quelques collections de portraits qui peuvent se trouver chez moi, classés par ordre alphabétique, seront remis aux personnes qui en feront la demande affranchie.

Renou et Maulde, imprimeurs de la Compagnie des Commissaires-Priseurs, rue de Rivoli, 144. 1461

4338.25

Affiches et Afficheurs 75 Colombier	32	25
Insertion au Moniteur des Ventes	15	60
Moniteur des arts	12	
au Sport	10	
Déclaration 2 Timbre du procès verbal 3/	5	
Enregistrement	102	10
Versement en bourse commune	136	80
Honoraires des Com. Priseur	136	80
Clerc et Crieurs	12	
Location de la Salle	31	
Impression du Catalogue = 700.	132	
Commissionnaire et Gratification	17	
Honoraires de M. Vigneres	227	75
Aff. des Catalogues et distribution	35	02
Transport à l'hotel	2	50
Chemises	3	10
	910	92
Deduction des 5% des agen	216	90
	694	.2
	5	
	699	

Montage	2.05
2 Voitures	5.
Moniteur	20.
——	12.
——	18.
	57.05

TABLEAUX

INGRES.

1 — *Angélique* debout sur le rocher. Peinture à l'huile sur toile.

Hauteur : 85 c. sur 42 c.; encadrée.

RIGAUD.

2 — Portrait d'un Magistrat, d'Aguesseau ? Cadre ovale doré.

ÉCOLE ITALIENNE.

3 — Tête d'Enfant, à l'huile sur toile, collée sur bois.

ÉCOLE DE DAVID.

4 — Tête barbue d'un modèle d'atelier. Cadre doré.

DESSINS

5 DESTOUCHES. Jeune Fille au bain (Galathée?). Joli dessin, crayon noir.

6 INGRES. Odalisque. Dessin original à la mine de plomb ayant servi à M. Sudre pour la lithographie.

7 Roger délivrant Angélique. Dessin original, mine de plomb et crayon noir, sur papier calque, ayant servi à M. Sudre pour la lithographie.

8 MICHEL ANGE. Fragment de la Chapelle-Sixtine, deux figures au bistre. Dessin apporté d'Italie par M. Ingres. Sous verre.

DESSINS DE M. SUDRE

9 — La Muse de la poésie lyrique, d'après *Ingres*. Dessin à l'estompe très-terminé. 46 c. sur 41 c. Cadre doré.

10 — Odalisque, d'après *Ingres*. Superbe dessin très-terminé. 36 c. sur 22 c. Cadre doré.

11 — Portrait de Murat, d'après *Gros*. Crayon noir très-terminé.

12 — Madame la duchesse de Berry à Blaye. Crayon noir très-terminé.

13 — M. de Marchangy, avocat général, dessiné d'après nature. Crayon noir.

14 — La Fille du président Lambert avec son fils tenant une colombe; ils représentent Vénus et l'Amour sur un char. Dessin non terminé sur papier végétal, d'après le tableau original de *De Troy*, qui est au château de Sucy. (A été gravé par S. Vallée.)

15 — Madame Lambert, femme du président. Dessin sur papier végétal, d'après le tableau original de *Largillierre*, qui est au château de Sucy. Un Amour lui soutient un cahier de musique.

16 — Sapho, d'après *Rioult*. Dessin ayant servi à M. Sudre pour la lithographie.

[illegible] Michel 55

Carlos 3,

17 — M. le comte de Rambuteau. Dessin d'après *Henri Scheffer*, ayant servi à M. Sudre pour la lithographie.

18 — Les Bergers d'Arcadie, d'après le *Poussin*. Crayon noir sur papier végétal, non terminé.

19 — Tête de Femme. Dessin sur papier calque, d'après *Bernardino Luini*. École de Léonard.

20 — Tête de Femme. Dessin sur papier végétal, d'après *Baccio Bandinelli*.

21 — Tête de jeune Homme de profil. Dessin très-terminé, calqué au Louvre sur l'original d'*A. Carrache*.

22 — Tête de jeune Homme de trois-quarts. Dessin très-terminé, calqué au Louvre sur l'original d'*Annibal Carrache*.

23 — *Ecce homo*, d'après *Guido Reni*. Crayon noir très-terminé. Cadre doré.

24 — Tête de Vierge, d'après *Raphaël*. Crayon noir, rehaussé de blanc sur papier de couleur. Dessin très-terminé.

25 — Tête d'Enfant, calquée sur l'original de l'Ecole milanaise au Louvre.

26 — Autre tête d'Enfant, calquée sur l'original de la même école au Louvre.

27 — Reproduction du même dessin.

28 — Deux têtes d'Anges, calquées sur les originaux du Tableau d'Héliodore de *Raphaël*, très-terminées, sous verre.

29 — Réduction des mêmes têtes. 2 pièces.

30 — La Sainte Famille. Dessin sur papier végétal, d'après le tableau de *Raphaël* qui est au Louvre.

31 — Fac-simile, d'après le dessin de *Raphaël* qui est au Louvre. Étude de la Vierge pour la Sainte Famille, mine de plomb.

32 — Psyché. Dessin fac simile, mine de plomb et sanguine, calqué sur le dessin de *Raphaël* au Louvre, encadré.

33 — Sainte Catherine, calqué sur l'original de *Raphaël* au Louvre, mine de plomb terminée. Encadré.

34 — Les trois Grâces, d'après le baron *Regnault*. Très-beau dessin ovale, à l'encre de Chine, très-terminé.

35 — Étude de Fruits. Dessin, très-terminée, au crayon noir pour l'enseignement du dessin.

36 — Études, modèles de principes de dessin pour la tête, Sphère, Triangle, Pentagone, etc. Huit études au crayon noir, très-terminés, plusieurs sous verres.

37 — Têtes antiques, d'après la bosse et académie d'homme. 3 grands dessins crayon noir faits dans l'atelier de David.

38 — Nymphe dansant avec tambour de basque. Aquarelle sur fond noir.

ESTAMPES

PORTRAITS

LITHOGRAPHIES, PHOTOGRAPHIES

39 **Aubry Lecomte**. Châteaubriant, épreuve rognée. — Raymond de Sèze, ép. sur Chine. 2 portraits d'ap. *Girodet*.

[illegible]

Darlo 3

40 — Maison du Tasse; Maison de Michel-Ange et Intérieur d'une chapelle de Granet. 3 p. rognées.

41 **Blanchard** fils. Jésus-Christ, d'ap. *Paul Delaroche*, dans un entourage bistre. Sup. ép.

42 **Biondi**, sous la direction de Raphaël Morghen. Vierge les mains jointes, d'ap. *Sasso Ferrato*. Superbe ép. avant la lettre.

43 **Calamatta**. Masque de Napoléon, très-belle ép. avant la lettre; dans la marge du bas : *L.Calamatta designo e incise Parigi 1834*. A la pointe et dédicace au crayon, signée. Très-belle ép., marge.

44 — Le même. Très-belle ép. avant la lettre, le nom à la pointe enlevé, remargée, collée en plein.

45 **Calame**. Sites variés de paysages. 5 p. lithog.

46 **Chapuy** et autres. Vues extérieures et intérieures de Notre-Dame de Paris, Amiens, etc. 18 p.

47 **Charles**... Henri, peint à Prague, 1834. Petit in-fol.

48 **Chromolithographie**. Saint Ferdinand, roi. Vitrail en couleur de la Chapelle; c'est le portrait du duc d'Orléans. Superbe ép., plusieurs ép.

49 **Delacroix** (D'ap.). Regnier en pied avant toute lettre, in-4 Chine. — Lion et Serpent par *Masson*. 2 p.

50 **Ficquet**. Madame de Maintenon, in-8. Belle ép. papier double, mouillée du bas.

51 **Giniez.** Châsse de la Sainte Tunique à Argenteuil. Superbe chromolithog.

52 **Guide** (D'ap. le). La Vierge, mère de douleur. *Ecce homo.* 2 grandes lithog. collées sur carton.

53 **Œuvre de J.-A. Ingres.** Gravures au trait sur acier, par *Reveil.* 102 p. avec texte, volume grand in-4. *Paris*, Didot, 1851.

54 **Ingres** (D'ap. J.-A.). L'Espérance, fac-simile d'un dessin à la plume avec signature. Sup. ép., toute marge.

55 — Molière à la table de Louis XIV, qui le présente à ses courtisans. Jolie eau-forte sur chine avant toute lettre. Sup. ép., toute marge.

56 — Françoise de Rimini. Jolie lithog. sur chine. Très-belle ép. rognée.

57 — Buste de Baigneuse, lithog. in-fol., par *Balze*, ovale en bistre. Sup. ép. sur chine.

58 — Portrait de M. Ingres, à ses élèves. Rome. 1835, gravé par *Calamatta*, 1839. Très-belle ép., marge.

59 — Le même *à ses élèves* enlevé. Ép. sur chine rognée, avec dédicace signée *Calamatta.*

60 — Portrait de M. Marcotte Genlis, gravé par *Calamatta.* Superbe ép. sur chine, toute marge.

61 — Portrait de M. Martin, 1825, gravé par *Calamatta* , 1835. Superbe ép., toute marge.

62 — Portrait de Monseigneur le duc d'Orléans, 1842, gravé par *Calamatta.* Ép. sur chine; a été pliée.

Leis [illegible]

Leis [illegible] 50

Lorin 30 Michel 25 Leis 20

ou

Michel 17

Michel 12

[illegible] 11

Delchf. 6

Melsy 20

Bibl. 20

63 — Ferdinand-Philippe duc d'Orléans; portrait avec le fond entièrement terminé, gravé par *Calamatta*. 1845. Très-belle ép., marge du cuivre.

64 — Le docteur Martinet, chef de clinique à la Faculté de Médecine de Paris, à l'Hôtel-Dieu, lithog. par *Calamatta*. Très-belle ép. sur chine toute marge.

65 — N. M. Gatteaux père, graveur de médailles, gravé par *Dien*, 1832. Sup. ép., toute marge.

66 — Madame Gatteaux mère, gravé par *Dien*, 1833. Sup. ép., toute marge.

67 — Portrait de M. E. Gatteaux fils, membre de l'Institut, gravé par *Dien*. Sup. ép., toute marge.

68 — Portrait de M. Labrouste, architecte, dédié à ses élèves, gravé par *Dien*. Superbe ép. sur chine, toute marge.

69 — Mme Marcotte d'Argenteuil, 1834, lithog. par *Léon Noël*. Sup. ép. chine, toute marge.

70 — Bartholini, sculpteur, par *Potrelle*, et un autre portrait gravé par *Dien*. 2 p.

71 — Raphaël et la Fornarina, gravé par *Pradier*. Ép. avec dédicace signée de M. *Ingres*. Sous verre.

LITHOGRAPHIES DE M. SUDRE, D'APRÈS INGRES

72 — Mme Sudre. Superbe ép. sur papier de Chine double, avec tons différents, toute marge. Très-rare.

73 — Tête de l'Odalisque, grandeur naturelle, sur chine et sur blanc. Sera divisé. (Pierre effacée.)

74 — La Vierge à l'hostie. *Sudre*, 1841. Sup. ép., marge.

75 — Roger et Angélique. *Sudre*, 1839. Sup. ép. sur chine, titre en anglaise, toute marge, plusieurs ép. (Pierre effacée.)

76 — Roger et Angélique, titre ordinaire sur blanc.

77 — Angélique seule sur le rocher. — Œdipe et le Sphinx. 2 p. sur chine, avant la lettre. Sup. ép., toute marge.

78 — Angélique. — Œdipe. 2 p. sur chine, avec dédicace à S. A. le prince Napoléon, toute marge.

79 — Cherubini, d'après *Ingres*. Épreuve unique très-terminée au crayon par M. *Sudre;* la figure de la Muse est enlevée. Petit in-fol., cadre doré; a été exposé.

80 — La figure de la Muse de la Poésie, enlevée du portrait de Cherubini. Épreuve unique retouchée au crayon, ovale, cadre doré; a été exposé.

81 — La Chapelle Sixtine, grand in-fol. major, lithog. Très-belle ép. avant toute lettre, sur blanc.

82 — La même, sur chine, avec les noms d'artistes.

83 — La même, avec la lettre, sur chine.

84 — Portrait de M. Varcollier? lithog. par *Atala Varcollier*. Superbe ép. sur chine, toute marge.

Melq. 20 AB. 100.

Michel 12

85 **Jacob**. Le baron Pasquier, sur chine, Van Spaendonck, le comte de Villèle. 3 portraits lithog. in-fol.

86 **Jouannin**. Opulence, d'ap. *Jalabert;* c'est le portrait de Mme Eudoxie Laurent. Superbe ép., marge.

87 **Laugier**. Mme la baronne de Staël-Holstein, d'ap. *Gérard*. In-fol.

88 **Lefèvre** (A.). Le général Foy, d'ap. *H. Vernet*, in-fol. Belle ép., toute marge.

89 **Leroux**. Jeanne d'Aragon, d'ap. *Raphaël*. Superbe ép. avant la lettre chine, coupée à la marge du cuivre.

90 **Lignon**. Talma, d'ap. *Picot*, petit in-fol.

91 — N. Poussin, d'ap. lui-même. Très-belle ép. in-fol., toute marge.

92 **Michel-Ange** (D'ap.). Le Jugement universel. 17 pl. au trait, par *Piroli*, et texte in-fol., et 2 feuilles par *Mantuan;* parties du même tableau. 20 p.

93 **Perugin** (D'ap.). L'Ascension de N.-S. Jésus-Christ, au musée de Lyon. Lithog. in-fol., par *Collette*.

94 **Photographies**. La Vierge à la Chaise. — La Vierge au Silence. 2 p., 10 centimètres de diamètre. Ép. de choix.

95 — Tête de l'Odalisque. — Tête de la Muse. 2 p. d'ap. *Ingres*, ovales, 10 centimètres de haut. Ép. de choix.

96 **Photographies**. Angélique. — Œdipe. — Roger et Angélique. 3 p. d'ap. *Ingres*. 10 centimètres de haut. Ép. de choix.

97 — Roger et Angélique, d'ap. *Ingres*, 19 centimètres de haut. Ép. de choix.

98 — Roger et Angélique, 23 centimètres de haut. Ép. de choix.

99 — Angélique. — Œdipe. 16 à 18 centimètres de haut. 2 p., ép. de choix.

100 — Angélique. — Œdipe. 23 et 22 centimètres de haut.

101 — La chapelle Sixtine, d'ap. *Ingres*. 23 centimètres de haut. Ép. de choix.

102 — Vierge au silence, 16 et 22 centimètres de diamètre.

103 — Ecce Homo. — La Vierge, d'ap. le Guide, 2 ovales, 19 centimètres de haut. Ép. de choix.

104 — Les mêmes, 23 centimètres de haut., ovales. Ép. de choix.

105 — L'Odalisque, d'après le dessin de M. *Sudre*, d'ap. *Ingres*, 19 sur 11 centimètres. Ép. de choix, rare.

106 — Les trois Grâces, d'après le *baron Reynault* ovale, 23 centimètres de haut. Ép. de choix.

107 — Angélique sur le rocher, 35 centimètres de haut. Ép. de choix de la plus grande beauté.

Il y a plusieurs ép. de quelques-unes.

108 — Adam et Ève. — Psyché; d'après les dessins du Louvre. — Têtes de Vieillards, d'après Titien. 4 p.

Vorlog 3 2
Michele 5

109 **Poussin** (D'ap.). Son portrait, par *Pesne*. — Ravissement de saint Paul, et 8 p. de la Passion, de *Stella*. 10 p.

110 — Les Sept Sacrements, gravés in-4, par *Beyer*, lettre grise sur chine, avec texte, par Jacquemard, vol. carton.

111 **Prud'hon** (D'ap.). L'Agriculture, l'Étude, les Arts, etc. 6 figures allégoriques gravées par *Prud'hon* fils.

112 **Raphaël** (D'ap.). La Vierge à la Chaise, rognée au rond et remargée. — Saints Jean, Pierre, Mathieu, Héliodore. 5 p.

113 **Richomme**. La Vierge au silence, d'ap. *A. Carrache*.

114 **Robert** (Léopold). Mme David, d'après *L. David*, avec le titre : Duchesse douairière d'Orléans.

115 **Sudre**. Tête de Femme, d'ap. *Léonard de Vinci*. Lithog. petit in-fol., sur chine; plusieurs ép.

116 — Portraits tirés du Panthéon français. Lith. in-fol., la plupart coupés à l'ovale. 42 p.

117 — Compositions d'après les fresques de Rome souterraine. 17 p. sur chine, rares.

118 — La Vierge à la Chaise, d'ap. *Raphaël*. Sup. ép. sur chine, toute marge.

119 — Portrait de Mme Fournier, ovale in-fol.

120 — La duchesse de Berry à Blaye. Ép. chine et blanc, avant la lettre.

121 — Marie Taglioni, d'ap. *Salabert*, sur chine.

122 **Sudre**. Poussin, Michel-Ange, Raphaël. 3 compositions. Lithog. d'ap. *Girodet*. Ép. sur chine, encadré.

123. — Portraits de Cardonnel, Chauveau-Lagarde, Delille, Lanjuinais, et autre. Pourra être divisé.

124 — Basilewski, Lanjuinais, colonel Duport, Saint-Victor, Girodet, Meissonnier, etc. 6 p.

125 — M. le comte de Rambuteau, d'ap. *Henri Scheffer*, in-fol. sur chine. Sup. ép. avant la lettre.

126 — Le même, avec la lettre chine.

127 — Dragonetti, contrebasse, d'ap. *Salabert*, sur chine, in-fol. Sup. ép.

128 — Sapho, d'ap. *Rioult*. Superbe ép. lithog. in-fol., ~~avant toute~~ lettre.

129 — Les Baigneuses, d'ap. *Rioult*, papier de Chine et papier blanc. 2 p.

130 — Alain Chartier. Jolie composition d'après *Beaume*. 2 ép. dont une remargée comme avant la lettre sur chine.

131 — Christ en croix, d'ap. *Lebrun*, sur chine et sur blanc.

132 La Chapelle de Saint-Ferdinand. 21 pl. lithographiées, dont 17 en chromo lithographie, retouchées avec le plus grand soin par M. Sudre. Très-bel exemplaire, demi-reliure.

133 Portraits de Lekain, par de St-Aubin. — Reynier, violon, par Alophe. — Rubini. — Girodet, etc. 14 p.

Titel. 8.

Philippe 15

134 Sacre de Charles X, fac-simile, d'après Carrache, d'ap. David, par Debret et autres, 10 p.

135 Estampes anciennes diverses, 7 p.

136 **Médailles en bronze**. Guttemberg. — Schiller. — Linnée. — Washington. — Michel-Ange. — Franklin. — Baron. — Copernic. — Milton. — Galilée. — Gluck. — Boerhaave. — Shakespeare et autres. 20 médailles, chacune dans un cercle en cuivre et rangées pour former tableau.

SUPPLÉMENT

DESSINS DE M. BEAUVALET DE SAINT-VICTOR

137 **Beauvalet de Saint-Victor**. Album calligraphique. — Alphabets majuscules choisies ornées du XII au XIVe siècle. — Majuscules onciales du IX au XIe siècle — du XIIe siècle. — Majuscules du XVe siècle. — Gothiques ornées. — Anglaises ornées. — Romain droit orné et ombré. — Majuscules d'église. — Autres ornées. — Minuscules ornées. 226 dessins en couleurs rehaussés d'or et d'argent, en 2 vol. in-4° reliés, maroquin, filets, fermoirs, tranche dorée.

138 — Collection de 30 vignettes in-8° pour prières, figures et ornements en couleur, enrichies d'or et d'argent, dans un étui.

139 — Collection de 10 vignettes in-4° pour prières, figures et ornements en couleur, enrichies d'or et d'argent.

140 **Beauvalet de Saint-Victor**. Prière. — Jesus. — La Vierge. Entourés d'ornements en couleur, relevés d'or et d'argent. 3 dessins in-4°.

141 — Pater. — Ave Maria — et autres en anglais. 5 prières in-4° avec lettres ornées en couleur, relevées d'or et d'argent.

142 — Collection de 16 sujets en 8 livraisons avec explications pour l'étude des personnes qui s'occupent de ce genre de dessin : Fleurs, Fruits, Oiseaux, Papillons, etc.

143 — Vases japonais ornés de figures et d'ornements en couleur relevés d'or et d'argent. 24 dessins petit in-fol.

144 — Collection de 24 vases et sujets étrusques, 14 en bronze et 10 en terre, en couleur. 24 p. petit in-fol.

145 — Sujets chevaleresques tant à pied qu'à cheval, en silhouette, ornés d'or. 12 dessins.

146 — Alphabet ornithologique. 25 oiseaux, différents dessins en couleur; les mêmes, réduction, plus petits, sur cartes dentelle. 25 oiseaux en couleur dans un étui.

147 — Oiseaux, Papillons, Chiffres ornés, Fleurs, Prières, Vases, Animaux en bronze, etc. 20 dessins en couleur.

148 — Bustes de femmes d'Italie, Aquarelles, Fleurs, Oiseaux, Entourage de prières, Vases, etc. 21 sujets en couleur.

149 — Cartes à jouer : Roi de cœur, Valet de trèfle, Dix de cœur et de trèfle, très-grande dimension. 12 dessins.

ESTAMPES

150 **Ansdel** (D'ap). Higland Shooting pony, par *Hacker*.

151 **Atkinson**. Birds of a feather. — Cat's Cradle. 2 sujets d'enfants, ovale en travers, in-fol., d'ap. *Burraud*.

152 **Avril**. Phèdre et Hippolyte, d'ap. *Granger*. Sup. ép. in-fol., toute marge.

153 **Beisson**. Mirabeau en pied, d'ap. *Boze*, in-fol. Très-belle ép., toute marge.

154 **Calamatta**. Masque de Napoléon, collée et rognée.

155 **Chiossone**, sous la direction de Morghen. Mater Creatoris, in-4, d'ap. *N. Poussin*, toute marge.

156 **Claessens**. Sujets et paysages, d'ap. Asselyn, Bol, Rembrandt, Jean Steen, etc. 10 p. avant la lettre sur chine; quelques doubles.

157 **Clarac**. Musée de sculpture antique et moderne. 412 feuilles.

158 **Corr** (Erin). Léopold Ier, roi des Belges, à mi-corps, d'après *Wappers*, grand in-fol., lettre grise. Sup. ép., toute marge.

159 **De Dreux** (D'ap. Alfred). Octavie, lithog. coloriée.

160 **Desnoyers**. La Danse des Nymphes, d'ap. *Vander Werf*. Très-belle ép., toute marge.

161 **Fac-Simile** du Louvre, d'ap. Corrège, Pérugin, Poussin, Raphaël, Rembrandt, Titien. 8 p.

162 **Fac-Simile** en chromo. Venise, d'ap. *Turner*. 2. — Lac de Côme, d'ap. *Richardson*. — Lac de Thun, d'ap. *Harding*. 4 superbes p. in-fol. en couleur.

163 — Andernach, d'ap. *Prout*. — The Skipper ashore, d'ap. *Hook*, et autres. 4 p. en couleur.

164 **Feederle**. La Jalousie, d'ap. *Schvoerer*. Belle lithog.

165 **Flamet**. Vierge et Jésus, d'ap. *Murillo*. Sup. ép. avant la lettre sur chine, toute marge.

166 **Forster** (F.). Er ist Verschieden ! d'ap. *Seb del Piombo*. (Christ en croix.) Superbe ép.

167 — La Vierge de la maison d'Orléans, Magnifique ép. très-rare, 6ᵉ *essai*, avec marge, avant toute lettre.

168 **Forster**. Raphaël à quinze ans, appuyé sur sa main. Magnifique ép., 4ᵉ d'essai, toute marge, très-rare.

169 **Fragonard** fils. Sujets antiques composés et gravés au trait, imitant le bas-relief. 24 p.

170 **Frey**. Tobie et sa famille prosternés devant l'ange, d'ap. *Rembrandt*, in-fol. Très-belle ép., toute marge.

171 **Fuhrick** (Jos.). Le Chemin de la Croix. 14 p. in-8, gravées par *Petrack*.

172 **Galerie Aguado**. Vierges, saint Jérôme, Mort de saint François, Venise, Dame à l'éventail, etc. 13 p. d'ap. Murillo, Ribera, Velasquez Zurbaran, etc. Très-belles ép.

Michel 70

Michel 10

Michel 5

Michel 2

Michel 8. Bergerac 9

[illegible] 12

173 **Godefroy**. Les Nappes d'eau, très-beau paysage d'ap. *Le Prince*. Superbe ép. in-fol., toute marge.

174 **Grenier**. Chasses au lièvre, faisan, bécasse, loup. 4 p. Lithog. coloriées.

175 **Grevedon**. Mlle Duchesnoy, rôle de Jeanne-d'Arc, petit in-fol. d'ap. *Berthon*. Sup. ép., toute marge.

176 — Mme veuve comtesse de Lariboissière, in-fol. sur chine. Sup. ép., rare.

177 — M. le comte Roy, ministre, in-fol. avant la lettre sur chine. Sup. ép., très-rare.

178 — S. M. Victoria, reine d'Angleterre, en manteau royal, d'ap. *Sully*. Sup. ép. in-fol. sur chine.

179 — Vénus et les Amours, d'ap. *Mallet*. Sup. ép. imprimée sur papier bleu, très-rare, joli sujet gracieux d'un bel effet.

180 **Holl**. The past and the future, ovale d'ap. *Miss Marg Gillies*.

181 **Jacques** (Charles). Sujets champêtres, à l'eau-forte, 25 sujets sur 24 feuilles. Superbes ép. sur chine.

182 **Leicher**. Le Christ à Emmaüs, in-fol. d'après *Schidone*.

183 **Le Roux**. La Reine des cieux, d'ap. *Steinla*, in-4.

184 **Levy** (G.). Lamartine, d'ap. un bas-relief, grand in-4 sur chine.

185 **Lignon**. Le Christ au roseau, d'ap. *Le Guide*, petit in-fol. Très-belle ép.

186 **Lithographies coloriées**. Costumes de Bressanes, Mâconnaises, Basques et autres. 7 p.

187 — Scènes familières : Le Bon vieux temps, l'École du village, etc. 6 p. par *J. David.*

188 — Le Bon Curé, le Feu de la Saint-Jean, le Gué, etc., 4. — Chevaux, Paysage, Fac-simile d'aquarelles. 7 p.

189 — Nouvelles études variées, grandes têtes de femmes avec fond noir. 2 p.

190 — Trophée, pêche fluviale. — L'Annonciation. 2 grandes lithog.

191 — Washington, grandeur naturelle, lithog. coloriée à fond noir.

192 — Vues de Venise, Cadix, Chasse, coloriées et avec ton.

193 **Martinet**. La Rêverie, d'ap. *Winterhalter*.

194 **Mathieu**. Naissance de Bacchus, d'ap. *N. Poussin*. Sup. ép. in-fol., toute marge.

195 **Metzmacher**. Sainte Marguerite, d'après *Raphaël*, in-4. Superbe ép. sur chine.

196 **Morel**. Jugement de Salomon, d'ap. *N. Poussin*. Magnifique ép. grand in-fol. avant la lettre, toute marge.

197 **Morlon** (d'ap.). La Journée des canotiers : Allons déjeuner. — Après le diner. 2 grandes lithog. coloriées.

198 **Mouilleron**. Le Duel, d'ap. *Pettenkofen*.

199 — Rembrandt, d'ap. *Pieneman*.

200 — Les Enfants de la mer, le Berceau. — Symptômes d'amour. 2 p. très-belles d'ap. *Israels*.

Michel 5

[illegible] 14, Leis 16

Michel 9

Michel 5

201 **Mouilleron** et **Ch. Jacques**. Le Printemps. Très-belle lithog. in-fol.

202 **Muller** (H.-C.). Diane et Endymion, d'ap. *Langlois*. Magnifique ép. grand in-fol., toute marge.

203 **Pajou** fils, 1803 (D'ap.). Alexandre (Berthier), prince de Neuchatel, vice-connétable, en pied, in-fol., par *Hubert Lefèvre*. Sup. ép., toute marge.

204 **Pavon**. Saint Jean, évangéliste, d'ap. *Dominiquin*, in-fol.

205 **Photographies**. Vision d'Ezéchiel, Vue de Nubie, etc. 6 p. et diverses lithog. 11 p.

206 **Prot**. Le Génie de Bacchus. — Le Génie de Pan. — Deux Amours dans des chars traînés par des chèvres et des tigres, d'ap. *Jules Romain*, avec fond noir. 2 p. in-fol.

207 **Robinson**. Avec le courant. — Contre le courant. 2 Grandes et belles manière noire, d'ap. *Jenkins*.

208 **Ruotte**. Mlle Raucourt, célèbre tragédienne, in-fol., d'ap. *Gros*, en 1796. Sup. ép., toute marge.

209 **Sabatier**. Le Lac. — Le Pâturage. 2 beaux paysages.

210 **Simmons**. The impending mate. — Mated. 2 p. grand in-fol., d'ap. *Stone*.

211 **Sixdeniers**. Toullier, auteur du Droit civil français. Manière noire, in-fol., toute marge.

212 **Sluyter**. Cantabimus et Psallemus, d'ap. *Bosboom*.

213 **Walker**. Sir Walter-Scot, in-fol. Sup. ép., toute marge.

214 **Vernet** (Carle). Combat d'un cavalier français contre un turc, in-fol., lithog. de Lasterie. Très-rare.

215 **Vidal** (D'ap.). Eva. — Amour de soi-même. 2 p. Sujets de femmes, en couleur, en hauteur.

216 — Aika. — Fatinitza. 2 p., Femmes couchées, en couleur.

217 Voyage aérien en France, Angers, Arles, Avignon, Bordeaux, Le Havre, Lille, Lyon, Marseille, Nantes, Nîmes, Toulon, Toulouse, Tours, etc. 25 p. lithog. avec ton.

218 Vignettes tirées de l'*Echo des Feuilletons*, etc. 127 p. in-8.

219 Album oblong in-fol. de 95 feuilles de papier blanc, en maroquin plein vert, fers à froid, filets, dentelles, tranche dorée; très-beau.

220 Album oblong, petit in-fol. de 95 feuilles, maroquin plein, fers à froid, tranche dorée.

Renou et Maulde, imprimeurs de la Compagnie des Commissaires-Priseurs, rue de Rivoli, 144. 1461

www.ingramcontent.com/pod-product-compliance
Ingram Content Group UK Ltd.
Pitfield, Milton Keynes, MK11 3LW, UK
UKHW020452180726
13839UKWH00004B/1785

9 782329 509945